한전KDN

직업기초능력평가

모의고사

제 2 회	영 역	수리능력, 의사소통능력, 문제해결능력, 대인관계능력, 정보능력, 조직이해능력, 직업윤리
	문항수	50문항
	시 간	60분
	비 고	객관식 4지선다형

SEOWONGAK
(주)서원각

제 2 회 직업기초능력평가 모의고사

📋 문항수 : 50문항
⏰ 시 간 : 60분

1. 입구부터 출구까지의 총 길이가 840m인 터널을 열차가 초속 50m의 속도로 달려 열차가 완전히 통과할 때까지 걸린 시간이 25초라고 할 때, 이보다 긴 1,400m의 터널을 동일한 열차가 완전히 통과하는 데 걸리는 시간은 얼마인가?

① 33.8초 　　　　② 34.5초

③ 35.4초 　　　　④ 36.2초

2. 120개 단위 지역의 연금수급자 현황을 모두 정리하는 데 양 대리는 2시간, 박 사원은 3시간이 걸린다. 양 대리가 80개 지역의 현황을 정리하고 난 후, 나머지 40개 지역은 양 대리와 박 사원이 함께 정리하려고 한다. 이 때 120개 지역의 현황을 모두 정리하는 데 걸리는 시간은 얼마인가?(시간은 반올림하여 소수 첫째 자리로 표시함)

① 1.8시간 　　　　② 1.7시간

③ 1.6시간 　　　　④ 1.5시간

3. 다음은 A사의 직원들을 대상으로 대중교통을 이용하는 횟수에 대한 설문 조사를 한 결과를 나타낸 자료이다. 설문에 참여한 총 인원의 월 평균 대중교통을 이용하는 횟수가 65회라면, 빈 칸에 들어갈 알맞은 인원수는 몇 명인가?

월 평균 대중교통 이용 횟수(회)	인원 수(명)
0~20	10
20~40	20
40~60	30
60~80	( )
80~100	25
100~120	20

① 30 　　　　② 32

③ 35 　　　　④ 38

4. 다음은 2018년 7월 20일 오전 인천공항 제1여객터미널의 공항 예상 혼잡도에 대한 자료이다. 자료를 잘못 분석한 것은?

(단위 : 명)

시간	입국장				출국장			
	A/B	C	D	E/F	1/2	3	4	5/6
0~1시	0	714	0	0	0	0	471	0
1~2시	0	116	0	0	0	0	350	0
2~3시	0	0	0	0	0	0	59	0
3~4시	0	0	0	0	0	0	287	0
4~5시	0	998	0	0	0	0	1,393	0
5~6시	0	1,485	1,298	0	0	0	3,344	0
6~7시	1,573	1,327	1,081	542	714	488	2,261	739
7~8시	3,126	549	132	746	894	1,279	1,166	1,778
8~9시	978	82	82	1,067	1,110	1,432	1,371	1,579
9~10시	1,187	376	178	1,115	705	955	1,374	1,156
10~11시	614	515	515	140	724	911	1,329	1,344
11~12시	1,320	732	1,093	420	747	851	1,142	1,024
합계	8,798	6,894	4,379	4,030	4,894	5,916	14,547	7,620

① 이날 오전 가장 많은 사람이 이용한 곳은 출국장 4이다.

② 이날 오전 출국장을 이용한 사람은 입국장을 이용한 사람보다 많다.

③ 9~12시 사이에 출국장 1/2를 이용한 사람 수는 이날 오전 출국장 1/2를 이용한 사람 수의 50% 이상이다.

④ 입국장 A/B와 출국장 5/6은 가장 혼잡한 시간대가 동일하다.

5. 다음은 X공기업의 팀별 성과급 지급 기준이다. Y팀의 성과평가 결과가 〈보기〉와 같다면 3/4 분기에 지급되는 성과급은?

- 성과급 지급은 성과평가 결과와 연계함
- 성과평가는 유용성, 안전성, 서비스 만족도의 총합으로 평가함. 단, 유용성, 안전성, 서비스 만족도의 가중치를 각각 0.4, 0.4, 0.2로 부여함
- 성과평가 결과를 활용한 성과급 지급 기준

성과평가 점수	성과평가 등급	분기별 성과급 지급액	비고
9.0 이상	A	100만 원	성과평가 등급이 A이면 직전 분기 차감액의 50%를 가산하여 지급
8.0 이상 9.0 미만	B	90만 원(10만 원 차감)	
7.0 이상 8.0 미만	C	80만 원(20만 원 차감)	
7.0 미만	D	40만 원(60만 원 차감)	

〈보기〉

구분	1/4 분기	2/4 분기	3/4 분기	4/4 분기
유용성	8	8	10	8
안전성	8	6	8	8
서비스 만족도	6	8	10	8

① 130만 원   ② 120만 원
③ 110만 원   ④ 100만 원

6. 35명 이상 50명 미만인 직원들이 지방에 연수를 떠났다. 참가비는 1인당 50만원이고, 단체 입장 시 35명 이상은 1할 2푼을 할인해 주고, 50명 이상은 2할을 할인해 준다고 한다. 몇 명 이상일 때, 50명의 단체로 입장하는 것이 유리한가?

① 37명   ② 42명
③ 45명   ④ 46명

7. 회사에서 최근 실시한 1차 폐휴대폰 수거 캠페인에 참여한 1~3년차 직원 중 23%가 1년 차 직원이었다. 2차 캠페인에서는 1차 캠페인에 참여한 직원들이 모두 참여하고 1년차 직원 20명이 새롭게 더 참여하여 1년차 직원들의 비중이 전체 인원의 30%가 되었다. 1차 캠페인에 참여한 1~3년 차 직원 수를 구하면?

① 180명   ② 200명
③ 220명   ④ 240명

8. 김 과장은 이번에 뽑은 신입사원을 대상으로 교육을 실시하려고 한다. 인원 파악을 해야 하는데 몇 명인지는 모르겠지만 긴 의자에 8명씩 앉으면 5명이 남는다는 것을 알았고, 또한 10명씩 앉으면 의자가 1개 남고 마지막 의자에는 7명만 앉게 된다. 의자의 수를 구하면?

① 6   ② 7
③ 8   ④ 9

9. 아래의 자료는 A 지역의 2017~2018년 상반기 대비 5대 범죄의 발생을 분석한 표이다. 이를 참조하여 예측 및 분석한 내용으로 가장 거리가 먼 것을 고르면?

〈17년~18년 상반기 대비 5대 범죄 발생 분석〉

구분	계	살인	강도	강간	절도	폭력
18년	934	2	6	46	360	520
17년	1,211	2	8	39	601	561
대비	−277 (−22.9%)	0	−2 (−25%)	+7 (7.9%)	−241 (−40.1%)	−41 (−7.3%)

① 살인의 경우에는 2017~2018년 동기간 동안 동일한 건수를 기록하고 있다.
② 강간의 경우에는 2017년 대비 2018년에는 7건 정도가 증가하였으며, 폭력의 경우에는 41건 정도가 감소함을 알 수 있다.
③ 자료를 보면 치안 담당자들이 전반적으로 해당 지역의 정보를 공유하지 않고 범죄 검거에 대한 의지가 약함을 알 수 있다.
④ 표를 보면 5대 범죄 중 가장 괄목할만한 것은 민생치안 및 체감안전도와 직결되는 절도의 경우에 2018년에 360건이 발생하여 전년 601건 대비 240건 정도 감소했다.

10. 아래의 글을 읽고 판단할 시에 1단계에서 A가 나눈 두 묶음의 구슬의 개수는?

A는 다음 세 가지의 단계를 순서대로 거쳐서 16개의 구슬을 네 묶음으로 나누었다. 이렇게 나타난 네 묶음의 구슬 개수는 각각 1개, 5개, 5개, 5개이다.

- 1단계 : 16개의 구슬을 두 개의 묶음으로 나누어, 한 묶음의 구슬 개수가 다른 묶음의 구슬 개수의 n배(n은 자연수)가 되도록 하였다.
- 2단계 : 5개 이상의 구슬이 있던 한 묶음에서 다른 묶음으로 5개의 구슬을 옮겼다.
- 3단계 : 두 가지의 묶음을 각각 두 묶음씩으로 다시 나누어 총 네 가지 묶음이 되도록 했다.

① 15개, 1개
② 10개, 2개
③ 8개, 4개
④ 6개, 6개

11. 다음은 개인정보 보호법과 관련한 사법 행위의 내용을 설명하는 글이다. 다음 글을 참고할 때, '공표' 조치에 대한 올바른 설명이 아닌 것은 어느 것인가?

개인정보 보호법 위반과 관련한 행정 처분의 종류에는 처분 강도에 따라 과태료, 과징금, 시정조치, 개선권고, 징계권고, 공표 등이 있다. 이 중, 공표는 행정 질서 위반이 심하여 공공에 경종을 울릴 필요가 있는 경우 명단을 공표하여 사회적 낙인을 찍히게 함으로써 경각심을 주는 제재 수단이다.

개인정보 보호법 위반행위가 은폐·조작, 과태료 1천만 원 이상, 유출 등 다음 7가지 공표 기준에 해당하는 경우, 위반행위자, 위반행위 내용, 행정 처분 내용 및 결과를 포함하여 개인정보 보호위원회의 심의·의결을 거쳐 공표한다.

〈7가지 공표기준〉
- 1회 과태료 부과 총 금액이 1천만 원 이상이거나 과징금 부과를 받은 경우
- 유출·침해사고의 피해자 수가 10만 명 이상인 경우
- 다른 위반행위를 은폐·조작하기 위하여 위반한 경우
- 유출·침해로 재산상 손실 등 2차 피해가 발생하였거나 불법적인 매매 또는 건강 정보 등 민감 정보의 침해로 사회적 비난이 높은 경우
- 위반행위 시점을 기준으로 위반 상태가 6개월 이상 지속된 경우
- 행정 처분 시점을 기준으로 최근 3년 내 과징금, 과태료 부과 또는 시정조치 명령을 2회 이상 받은 경우
- 위반행위 관련 검사 및 자료제출 요구 등을 거부·방해하거나 시정조치 명령을 이행하지 않음으로써 이에 대하여 과태료 부과를 받은 경우

공표절차는 과태료 및 과징금을 최종 처분할 때 ① 대상자에게 공표 사실을 사전 통보, ② 소명자료 또는 의견 수렴 후 개인정보보호위원회 송부, ③ 개인정보보호위원회 심의·의결, ④ 홈페이지 공표 순으로 진행된다.

공표는 행정안전부장관의 처분 권한이지만 개인정보보호위원회의 심의·의결을 거치게 함으로써 개인정보 보호법 위반자에 대한 행정청의 제재가 자의적이지 않고 공정하게 행사되도록 조절해 주는 장치를 마련하였다.

① 공표는 개인정보 보호법 위반에 대한 가장 무거운 행정 조치이다.
② 반복적이거나 지속적인 위반 행위에 대한 제재는 공표 조치의 취지에 포함된다.
③ 공표 조치가 내려진 대상자는 공표와 더불어 빈드시 1천만 원 이상의 과태료를 납부하여야 한다.
④ 공표 조치를 받는 대상자는 사전에 이를 통보받게 된다.

12. 다음은 '저영향 개발(Low Impact Development, LID)'에 대하여 설명하고 있는 글이다. 글의 내용이 자연스럽게 이어지도록 ㈎~㈑ 단락의 순서를 적절히 나열한 것은 다음 보기 중 무엇인가?

㈎ 국내에서는 신도시 건설과 기존 도시의 재생 및 비점오염 저감 등의 목적으로 LID 기법이 활발하게 적용되고 있다. LH공사의 아산탕정지구 분산형 빗물관리 도시, 환경부의 강릉 저탄소 녹색 시범도시 등이 대표적이다. 또한, 수원시는 물 자급률 향상을 위해 빗물 관리 사업인 레인시티 사업을 시행하고 있고, 서울시에서도 빗물관리 기본 계획을 수립하는 등 지방자치단체에서도 저영향 개발에 대한 관심이 매우 높아지고 있다. K-water에서는 송산 그린시티사업, 에코델타시티 사업 등 다양한 수변도시 및 친수구역 조성 사업에 LID 기술을 적용하여 진행하고 있다.
송산 그린시티 조성 사업은 시화호 주변 지역의 생태환경을 보전하는 동시에 시화 방조제 건설로 생성된 대규모 간석지를 효율적으로 활용, 자연과 환경, 인간 모두를 고려한 합리적인 도시를 조성하는 사업이다. 사업 지역 내 동측지구에 계획된 장치형 비점오염 저감시설을 식생수로, 빗물정원 등 자연형 LID시설로 전환하는 것을 시작으로 강우발생 시 자체 발생원에서 관리가 가능한 분산식 우수배제 방식으로 설계하는 등 저영향 개발 기술을 적극적으로 활용하고 있다. 또한, 그린인프라 시설에 대한 효과를 극대화하는 시범지구를 설정, 저영향 개발 설계를 진행하고 있다.

㈏ 기후변화 대응 및 국가정책 기조에 따라 수자원 관리 및 이용의 중요성이 확대되면서, 저영향개발(Low Impact Development, LID)기반의 물순환 도시 조성 계획·설계 기술의 확보가 요구되고 있다. 국가별로 사용하는 용어는 상이하나 접근하는 방식은 유사한데, 공통적으로 발생한 강우를 그 지역 내에서 관리하는 분산형 빗물관리 기술을 적용하고 있고, 저영향 개발(LID, 미국), 자연 순응형 개발(sound water cycle on national planning, 일본), 분산식 도시계획(decentralized urban design, 독일), 지속가능한 도시계획(water sensitive urban design, 호주) 등 발생원의 빗물관리를 목표로 한다. 미국 내 많은 연방기관과 주 정부 및 지자체에서는 저영향 개발을 이용한 우수관리 기법에 관한 지침서와 매뉴얼을 제공하고, 유역의 신규 개발 또는 재개발 시 LID 기술을 활용하도록 제도화되어 있다.

㈐ 한국 그린인프라·저영향 개발 센터는 그린 인프라(Green Infrastructure, GI)·LID 기술에 대한 검인증 역할 수행 및 연구를 위한 세계 최초의 다목적 실내·외 종합 검증시설이며, 다양한 형태의 LID 실증시설을 실제로 구축·운영함으로써 수리·수문, 토질, 재료, 환경 분야의 실험 및 분석을 수행하고 있다. 또한, 분산형 테스트베드의 성격뿐만 아니라 설계-시공-운영-모니터링-유지관리 기술의 흐름을 통한 기술 통합적 실증단지로서의 역할을 목표로 GI·LID 실증검증사업, 교육 및 정책 지원사업, 국가 연구개발 사업, 기업체 기술개발 지원사업으로 구분하여 GI·LID 관련 정책제안, 기술개발 등의 연구, 홍보 및 교육을 수행할 계획이다.

㈑ 한편, LID기술의 국내 현장 적용 및 파급 확대를 위해서는 선진국 수준의 설계 및 요소기술의 검증 및 인증을 위한 방안 마련과 사업 후 적용평가를 위한 지침의 개발이 시급하다. 이에 국토교통부 '물관리연구사업'의 일환인 「건전한 도시물순환인프라의 저영향개발(LID) 및 구축·운영 기술」 연구단 프로젝트를 2012년 12월부터 2018년까지 부산대학교, K-water, LH, 한국건설기술연구원 등 10여개의 전문기관이 컨소시엄으로 참여하여 연구수행 중이다. 「건전한 도시물순환인프라의 저영향 개발(LID) 및 구축운영기술 연구단」은 본 연구사업을 통하여 부산대학교 양산캠퍼스에 한국 그린인프라·저영향 개발 센터를 설립하였다.

① ㈎ - ㈏ - ㈑ - ㈐
② ㈏ - ㈎ - ㈑ - ㈐
③ ㈏ - ㈎ - ㈐ - ㈑
④ ㈏ - ㈑ - ㈎ - ㈐

13. 다음은 K공사의 신입사원 채용에 관한 안내문의 일부 내용이다. 다음 내용을 근거로 할 때, K공사가 안내문의 내용에 부합되게 취할 수 있는 행동이라고 볼 수 없는 것은 어느 것인가?

- 모든 응시자는 1인 1개 분야만 지원할 수 있습니다.
- 응시희망자는 지역제한 등 응시자격을 미리 확인하고 응시원서를 접수하여야 하며, 응시원서의 기재사항 착오·누락, 공인어학능력시험 점수·자격증·장애인·취업지원대상자 가산점수·가산비율 기재 착오, 연락불능 등으로 발생되는 불이익은 일체 응시자의 책임으로 합니다.
- 입사지원서 작성내용은 추후 증빙서류 제출 및 관계기관에 조회할 예정이며 내용을 허위로 입력한 경우에는 합격이 취소됩니다.
- 응시자는 시험장소 공고문, 답안지 등에서 안내하는 응시자 주의사항에 유의하여야 하며, 이를 준수하지 않을 경우에 본인에게 불이익이 될 수 있습니다.
- 원서접수결과 지원자가 채용예정인원 수와 같거나 미달하더라도 적격자가 없는 경우 선발하지 않을 수 있습니다.
- 시험일정은 사정에 의하여 변경될 수 있으며 변경내용은 7일 전까지 공사 채용홈페이지를 통해 공고할 계획입니다.
- 제출된 서류는 본 채용목적 이외에는 사용하지 않으며, 채용절차의 공정화에 관한 법령에 따라 최종합격자 발표일 이후 180일 이내에 반환청구를 할 수 있습니다.
- 최종합격자 중에서 신규임용후보자 등록을 하지 않거나 관계 법령에 의한 신체검사에 불합격한 자 또는 공사 인사규정 제21조에 의한 응시자격 미달자는 신규임용후보자 자격을 상실하고 차순위자를 추가합격자로 선발할 수 있습니다.
- 임용은 교육성적을 포함한 채용시험 성적순으로 순차적으로 임용하되, 장애인 또는 경력자의 경우 성적순위에도 불구하고 우선 임용될 수 있습니다.
  ※ 공사 인사규정 제22조 제2항에 의거 신규임용후보자의 자격은 임용후보자 등록일로부터 1년으로 하며, 필요에 따라 1년의 범위 안에서 연장될 수 있습니다.

---

① 동일한 응시자가 기계직과 운영직에 동시 응시를 한 사실이 뒤늦게 발견되어 임의로 기계직 응시 관련 사항 일체를 무효처리하였다.

② 대학 졸업예정자로 채용된 A씨는 마지막 학기 학점이 부족하여 졸업이 미뤄지는 바람에 채용이 취소되었다.

③ 50명 선발이 계획되어 있었고, 45명이 지원을 하였으나 42명만 선발하였다.

④ 최종합격자 중 신규임용후보자 자격을 상실한 자가 있어 불합격자 중 임의의 인원을 추가 선발하였다.

14. 다음 중 통일성을 해치는 문장으로 적절한 것은?

목조 건축물에서 지붕의 하중을 떠받치고 있는 수직 부재(部材)는 기둥이다. 이 기둥이 안정되게 수직 방향으로서 있도록 기둥과 기둥의 상부 사이에 설치하는 수평 부재를 창방이라고 한다. 이때, ㉠기둥을 연결한 창방들이 만들어 내는 수평선은 눈높이보다 높은 곳에 위치하고 있어 양쪽 끝이 아래로 처져 보이는 착시 현상이 발생한다. 이러한 ㉡착시 현상을 교정하기 위해 건물의 중앙에서 양쪽 끝으로 가면서 기둥이 점차 높아지도록 만드는데, 이것을 귀솟음 기법이라고 한다.

귀솟음 기법은 착시 현상을 교정하는 효과 외에 구조적인 측면에서의 장점도 지닌다. ㉢안쏠림 기법은 귀솟음 기법과 달리 착시 현상을 교정하는 효과는 그리 크지 않다. 전통 구조물의 일반적인 지붕 형태인 팔작지붕의 경우, 건물 끝부분의 기둥이 건물 중간에 위치한 기둥보다 지붕의 하중을 더 많이 받게 된다. 건물 끝부분 기둥이 오랫동안 지속적으로 많은 하중을 받으면 중간 기둥보다 더 많이 침하되는 부동(不同) 침하 현상이 발생하기도 한다. ㉣귀솟음 기법은 부동 침하 현상에 의한 구조적 변형에도 끝기둥이 중간 기둥보다 높거나 동일한 높이를 유지할 수 있는 장점을 가지고 있다.

---

① ㉠   ② ㉡

③ ㉢   ④ ㉣

15. 다음 글의 내용과 일치하지 않는 것은??

우리는 흔히 나무와 같은 식물이 대기 중에 이산화탄소로 존재하는 탄소를 처리해 주는 것으로 알고 있지만, 바다 또한 중요한 역할을 한다. 예를 들어 수없이 많은 작은 해양생물들은 빗물에 섞인 탄소를 흡수한 후에 다른 것들과 합쳐서 껍질을 만드는 데 사용한다. 결국 해양생물들은 껍질에 탄소를 가두어 둠으로써 탄소가 대기 중으로 다시 증발해서 위험한 온실가스로 축적되는 것을 막아 준다. 이들이 죽어서 바다 밑으로 가라앉으면 압력에 의해 석회석이 되는데, 이런 과정을 통해 땅속에 저장된 탄소의 양은 대기 중에 있는 것보다 수만 배나 되는 것으로 추정된다. 그 석회석 속의 탄소는 화산 분출로 다시 대기 중으로 방출되었다가 빗물과 함께 땅으로 떨어진다. 이 과정은 오랜 세월에 걸쳐 일어나는데, 이것이 장기적인 탄소 순환과정이다. 특별한 다른 장애 요인이 없다면 이 과정은 원활하게 일어나 지구의 기후는 안정을 유지할 수 있다.

그러나 불행하게도 인간의 산업 활동은 자연이 제대로 처리할 수 없을 정도로 많은 양의 탄소를 대기 중으로 방출한다. 영국 기상대의 피터 쿡스에 따르면, 자연의 생물권이 우리가 방출하는 이산화탄소의 영향을 완충할 수 있는 데에는 한계가 있기 때문에, 그 한계를 넘어서면 이산화탄소의 영향이 더욱 증폭된다. 지구 온난화가 걷잡을 수 없이 일어나게 되는 것은 두려운 일이다. 지구 온난화에 적응을 하지 못한 식물들이 한꺼번에 죽어 부패해서 그 속에 가두어져 있는 탄소가 다시 대기로 방출되면 문제는 더욱 심각해질 것이기 때문이다.

---

① 식물이나 해양생물은 기후 안정성을 유지하는 데에 기여한다.

② 생명체가 지니고 있던 탄소는 땅속으로 가기도 하고 대기로 가기도 한다.

③ 탄소는 화산 활동, 생명체의 부패, 인간의 산업 활동 등을 통해 대기로 방출된다.

④ 극심한 오염으로 생명체가 소멸되면 탄소의 순환 고리가 끊겨 대기 중의 탄소도 사라진다.

16. 다음 문서의 목적으로 적절한 것은?

> －○○공사, 싱가포르서 대한민국 물 관리 역량 선보인다－
>
> ■ ○○공사는 싱가포르 마리나베이샌즈호텔에서 열리는 '싱가포르 국제물주간'에 참가한다.
>   • 2008년 싱가포르 정부 주도로 시작한 '싱가포르 국제 물주간'은 2년마다 개최되는 국제적인 물 행사다. 2016년엔 129개 국, 1천여 개 기업이 참가했으며, 올해에도 130개 국, 1천여 개 기업의 참가가 예상된다.
> ■ ○○공사는 이번 행사 참여를 계기로 우리나라의 우수한 물 관리 역량을 비롯해 아시아물위원회 주관으로 2020년 인도네시아 발리에서 열릴 예정인 '제2차 아시아국제물주간'을 국제사회에 알리기 위한 다양한 활동을 펼친다.
>   • 먼저, 7월 10일에는 아시아물위원회와 함께 우리나라와 중국, 싱가포르, 필리핀 등 국내외 스마트 물 관리 기술 사례를 공유하는 '스마트 물 관리 특별 세션'을 개최한다.
>   • 스마트 물 관리는 물 관리에 최첨단 정보통신기술을 접목해 실시간으로 수질과 수량을 관리하는 기술이며, 미래 물 산업 유망기술로 주목받고 있다.
> ■ ○○공사는 7월 9일부터 11일까지 국내 10개 중소 물기업과 함께 전 세계 물 산업 교류의 장인 '워터 엑스포'에 참여한다.
>   • ○○공사는 스마트 물 관리를 비롯한 최신 물 관리 기술과 아시아물위원회 활동을 소개하는 홍보관을 운영하며, 중소기업은 자사의 우수 제품과 기술을 전시한 개별 홍보관을 운영한다.

① 특정한 업무에 관한 현황이나 진행 상황, 연구·검토 결과 등을 보고하고자 할 때 작성한다.

② 업무에 대한 협조를 구하거나 의견을 전달할 때 작성한다.

③ 아이디어를 바탕으로 기획한 프로젝트에 대해 상대방에게 전달하여 시행하도록 설득한다.

④ 언론을 상대로 자신들의 정보를 기사화 되도록 하기 위해 보내는 자료이다.

17. 다음 중 필자의 생각과 다른 것은?

> 강화 학습 시스템은 현실의 다양한 문제를 자기 주도적으로 해결하는 프로그램을 실현하고자 한다. 대부분의 현실 문제는 매우 복잡하므로 정형화된 규칙에 한정되지 않는 방식으로 대처하는 매우 큰 유연성을 필요로 한다. 그런 유연성이 없는 프로그램은 결국 특정한 목적에만 사용된다. 강화 학습 시스템의 목적은 궁극적으로 자신의 목표를 유연하고도 창의적으로 성취할 수 있는, 다시 말해 자가프로그래밍적인 시스템에 도달하는 것이다.
>
> 1980년대까지 강화 학습 시스템은 실제 세계의 문제를 해결하기에 너무 느렸고 이로 인해 이 시스템에 대한 연구를 지속할 필요가 있는지 의문이 제기되었다. 하지만 이 평가는 적절하지 않다. 그 어떤 학습 시스템도 아무런 가정 없이 학습을 시작할 수는 없는 법이다. 자신이 어떤 문제에 부딪히게 될지, 그 문제로부터 어떻게 학습할 수 있을지 등의 가정도 없는 시스템이라면 그 시스템은 결국 아무 것도 배울 수 없다. 생물계는 그런 가정을 가진 학습 시스템을 가장 잘 보여주는 사례이다. 생명체 모두는 각자의 DNA에 암호화된 생물학적 정보를 가지고 학습을 시작한다. 강화 학습 시스템이 가정을 거의 갖지 않은 상태로 문제를 해결하려고 할 경우, 그 시스템은 매우 느리게 학습하고 아주 간단한 문제조차 풀지 못하게 된다. 이는 생물학적 유기체인 경우에도 마찬가지다. 쥐의 경우 물 밑에 있는 조개를 어떻게 사냥해야 할지에 관해서는 아는 바가 거의 없지만, 어둡고 특히 공간적으로 복잡한 장소에서 먹이를 구하는 데 있어서는 행동에 관한 엄청난 정보를 지니고 있다. 따라서 쥐는 생존에 필수적인 문제들에 대해 풍부한 내적 모형을 사전에 갖고 있다고 봐야 한다. 이를 통해 볼 때 강화 학습 시스템에 대한 연구가 진행되어야 할 이유는 분명하다.

① 강화 학습 시스템의 목적은 자신의 목표를 유연하고도 창의적으로 성취할 수 있는 자가프로그래밍적인 시스템에 도달하는 것이다.

② 자신이 어떤 문제에 부딪히게 될지, 그 문제로부터 어떻게 학습할 수 있을지 등의 가정이 없는 시스템은 창의적인 학습효과를 불러일으킨다.

③ 대부분의 현실 문제는 매우 복잡하므로 정형화된 규칙에 한정되지 않는 방식으로 대처하는 매우 큰 유연성을 필요로 한다.

④ 1980년대까지 강화 학습 시스템은 실제 세계의 문제를 해결하기에 적합하지 않아 시스템에 대한 연구를 지속할 필요가 있는지 의문이 제기되었다.

❑ 근거법령

『승강기시설 안전관리법』 제13조 및 제13조의2에 따라 승강기 관리주체는 규정된 기간 내에 승강기의 검사 또는 정밀안전검사를 받아야 합니다.

❑ 검사의 종류

종류	처리기한	내용
완성검사	15일	승강기 설치를 끝낸 경우에 실시하는 검사
정기검사	20일	검사유효기간이 끝난 이후에 계속하여 사용하려는 경우에 추가적으로 실시하는 검사
수시검사	15일	승강기를 교체·변경한 경우나 승강기에 사고가 발생하여 수리한 경우 또는 승강기 관리 주체가 요청하는 경우에 실시하는 검사
정밀안전검사	20일	설치 후 15년이 도래하거나 결함 원인이 불명확한 경우, 중대한 사고가 발생하거나 또는 그 밖에 행정안전부장관이 정한 경우

❑ 검사의 주기

승강기 정기검사의 검사주기는 1년이며, 정밀안전검사는 완성검사를 받은 날부터 15년이 지난 경우 최초 실시하며, 그 이후에는 3년마다 정기적으로 실시합니다.

❑ 적용범위

"승강기"란 건축물이나 고정된 시설물에 설치되어 일정한 경로에 따라 사람이나 화물을 승강장으로 옮기는 데에 사용되는 시설로서 엘리베이터, 에스컬레이터, 휠체어리프트 등 행정안전부령으로 정하는 것을 말합니다.

• 엘리베이터

용도	종류	분류기준
승객용	승객용 엘리베이터	사람의 운송에 적합하게 제작된 엘리베이터
	침대용 엘리베이터	병원의 병상 운반에 적합하게 제작된 엘리베이터
	승객·화물용 엘리베이터	승객·화물겸용에 적합하게 제작된 엘리베이터
	비상용 엘리베이터	화재 시 소화 및 구조활동에 적합하게 제작된 엘리베이터
	피난용 엘리베이터	화재 등 재난 발생 시 피난활동에 적합하게 제작된 엘리베이터
	장애인용 엘리베이터	장애인이 이용하기에 적합하게 제작된 엘리베이터
	전망용 엘리베이터	엘리베이터 안에서 외부를 전망하기에 적합하게 제작된 엘리베이터
	소형 엘리베이터	단독주택의 거주자를 위한 승강행정이 12m 이하인 엘리베이터

	화물용 엘리베이터	화물 운반 전용에 적합하게 제작된 엘리베이터
화물용	덤웨이터	적재용량이 300kg 이하인 소형 화물 운반에 적합한 엘리베이터
	자동차용 엘리베이터	주차장의 자동차 운반에 적합하게 제작된 엘리베이터

• 에스컬레이터

용도	종류	분류기준
승객 및 화물용	에스컬레이터	계단형의 디딤판을 동력으로 오르내리게 한 것
	무빙워크	평면의 디딤판을 동력으로 이동시키게 한 것

• 휠체어리프트

용도	종류	분류기준
승객용	장애인용 경사형 리프트	장애인이 이용하기에 적합하게 제작된 것으로서 경사진 승강로를 따라 동력으로 오르내리게 한 것
	장애인용 수직형 리프트	장애인이 이용하기에 적합하게 제작된 것으로서 수직인 승강로를 따라 동력으로 오르내리게 한 것

❑ 벌칙 및 과태료
• 벌칙 : 1년 이하의 징역 또는 1천만 원 이하의 벌금
• 과태료 : 500만 원 이하, 300만 원 이하

18. 다음에 제시된 상황에서 받아야 하는 승강기 검사의 종류가 잘못 연결된 것은?

① 1년 전 정기검사를 받은 승객용 엘리베이터를 계속해서 사용하려는 경우 → 정기검사

② 2층 건물을 4층으로 증축하면서 처음 소형 엘리베이터 설치를 끝낸 경우 → 완성검사

③ 에스컬레이터에 쓰레기가 끼이는 단순한 사고가 발생하여 수리한 경우 → 정밀안전검사

④ 7년 전 설치한 장애인용 경사형 리프트를 신형으로 교체한 경우 → 수시검사

19. ○○승강기 신입사원 甲는 승강기 검사와 관련하여 고객의 질문을 받아 응대해 주는 과정에서 상사로부터 고객에게 잘못된 정보를 제공하였다는 지적을 받았다. 甲이 응대한 내용 중 가장 옳지 않은 것은?

① 고객 : 승강기 검사유효기간이 끝나가서 정기검사를 받으려고 합니다. 오늘 신청하면 언제쯤 검사를 받을 수 있나요?

　甲 : 정기검사의 처리기한은 20일입니다. 오늘 신청하시면 20일 안에 검사를 받으실 수 있습니다.

② 고객 : 비상용 엘리베이터와 피난용 엘리베이터의 차이는 뭔가요?

　甲 : 비상용 엘리베이터는 화재 시 소화 및 구조활동에 적합하게 제작된 엘리베이터를 말합니다. 이에 비해 피난용 엘리베이터는 화재 등 재난 발생 시 피난활동에 적합하게 제작된 엘리베이터입니다.

③ 고객 : 판매 전 자동차를 대놓는 주차장에 자동차 운반을 위한 엘리베이터를 설치하려고 합니다. 덤웨이터를 설치해도 괜찮을까요?

　甲 : 덤웨이터는 적재용량이 300kg 이하인 소형 화물 운반에 적합한 엘리베이터입니다. 자동차 운반을 위해서는 자동차용 엘리베이터를 설치하시는 것이 좋습니다.

④ 고객 : 고객들이 쇼핑카트나 유모차, 자전거 등을 가지고 층간 이동을 쉽게 할 수 있도록 에스컬레이터나 무빙워크를 설치하려고 합니다. 뭐가 더 괜찮을까요?

　甲 : 말씀하신 상황에서는 무빙워크보다는 에스컬레이터 설치가 더 적합합니다.

20. 다음 밑줄 친 단어의 의미와 동일하게 쓰인 것을 고르시오.

김동연 경제부총리 겸 기획재정부 장관은 26일 최근 노동이슈 관련 "다음 주부터 시행되는 노동시간 단축 관련 올해 말까지 계도기간을 설정해 단속보다는 제도 정착에 초점을 두고 추진할 것"이라고 밝혔다.
김동연 부총리는 이날 정부서울청사에서 노동현안 관련 경제현안간담회를 주재하고 "7월부터 노동시간 단축제도가 시행되는 모든 기업에 대해 시정조치 기간을 최장 6개월로 <u>늘리고</u>, 고소·고발 등 법적인 문제의 처리 과정에서도 사업주의 단축 노력이 충분히 참작될 수 있도록 하겠다."라며 이같이 말했다.
김 부총리는 "노동시간 단축 시행 실태를 면밀히 조사해 탄력 근로단위기간 확대 등 제도개선 방안도 조속히 마련하겠다."라며 "불가피한 경우 특별 연장근로를 인가받아 활용할 수 있도록 구체적인 방안을 강구할 것"이라고 밝혔다.

① 우리는 10년 만에 넓은 평수로 <u>늘려</u> 이사했다.

② 그 집은 알뜰한 며느리가 들어오더니 금세 재산을 <u>늘려</u> 부자가 되었다.

③ 적군은 세력을 <u>늘린</u> 후 다시 침범하였다.

④ 대학은 학생들의 건의를 받아들여 쉬는 시간을 <u>늘리는</u> 방안을 추진 중이다.

21. 홍보팀에서는 신입사원 6명(A, B, C, D, E, F)을 선배직원 3명(갑, 을, 병)이 각각 2명씩 맡아 문서작성 및 결재 요령에 대하여 1주일 간 교육을 실시하고 있다. 다음 조건을 만족할 때, 신입사원과 교육을 담당한 선배직원의 연결에 대한 설명이 올바른 것은 어느 것인가?

- B와 F는 같은 조이다.
- 갑은 A에게 문서작성 요령을 가르쳐 주었다.
- 을은 C와 F에게 문서작성 및 결재 요령에 대하여 가르쳐 주지 않았다.

① 병은 A를 교육한다.

② D는 을에게 교육을 받지 않는다.

③ C는 갑에게 교육을 받는다.

④ 을은 C를 교육한다.

22. 다음 조건을 바탕으로 할 때 정 대리가 이번 달 중국 출장 출발일로 정하기에 가장 적절한 날은 언제인가? (전체 일정은 모두 이번 달 안에 속해 있다.)

- 이번 달은 1일이 월요일인 달이다.
- 3박 4일 일정이며 출발일과 도착일이 모두 휴일이 아니어야 한다.
- 현지에서 복귀하는 비행편은 매주 화, 목요일에만 있다.
- 이번 달 셋째 주 화요일에 있을 부서의 중요한 회의에 반드시 참석해야 하며, 회의 후에 출장을 가려 한다.

① 12일

② 15일

③ 17일

④ 22일

23. R공사에서는 신입사원 2명을 채용하기 위하여 서류와 필기 전형을 통과한 갑, 을, 병, 정 네 명의 최종 면접을 실시하려고 한다. 아래 표와 같이 네 개 부서의 팀장이 각각 네 명을 모두 면접하여 최종 선정 우선순위를 결정하였다. 면접 결과에 대한 〈보기〉와 같은 설명 중 적절한 것을 모두 고른 것은 무엇인가?

	A팀장	B팀장	C팀장	D팀장
최종 선정자 (1/2/3/ 4순위)	을/정/갑/병	갑/을/정/병	을/병/정/갑	병/정/갑/을

* 우선순위가 높은 사람 순으로 2명을 채용하며, 동점자는 A, B, C, D팀장 순으로 부여한 고순위자로 결정함.

* 팀장별 순위에 대한 가중치는 모두 동일하다.

〈보기〉

㉮ '을' 또는 '정' 중 한 명이 입사를 포기하면 '갑'이 채용된다.
㉯ A팀장이 '을'과 '정'의 순위를 바꿨다면 '갑'이 채용된다.
㉰ B팀장이 '갑'과 '병'의 순위를 바꿨다면 '정'은 채용되지 못한다.

① ㉮
② ㉮, ㉰
③ ㉯, ㉰
④ ㉮, ㉯, ㉰

24. 갑, 을, 병, 정, 무, 기 6명의 달리기 대회 결과가 다음과 같다면 이 결과로부터 확실하게 알 수 있는 것은 어느 것인가?

㉮ 갑은 3위이고 기는 갑보다 하위였다.
㉯ 을과 기의 사이에는 세 사람이 있다.
㉰ 정과 무의 사이에는 세 사람이 있고, 그 중 한 사람은 을이었다.
㉱ 같은 순위의 사람은 없다.

① 을은 1위이다.
② 병은 4위이다.
③ 정은 5위이다.
④ 무는 병보다 상위이다.

25. 다음 글과 〈설립위치 선정 기준〉을 근거로 판단할 때, A사가 서비스센터를 설립하는 방식과 위치로 옳은 것은?

• 휴대폰 제조사 A는 B국에 고객서비스를 제공하기 위해 1개의 서비스센터 설립을 추진하려고 한다.
• 설립방식에는 ㉮ 방식과 ㉯ 방식이 있다.
• A사는 {(고객만족도 효과의 현재가치) – (비용의 현재가치)}의 값이 큰 방식을 선택한다.
• 비용에는 규제비용과 로열티비용이 있다.

구분		㉮ 방식	㉯ 방식
고객만족도 효과의 현재가치		5억 원	4.5억 원
비용의 현재가치	규제 비용	3억 원 (설립 당해 년도만 발생)	없음
	로열티 비용	없음	– 3년간 로열티비용을 지불함 – 로열티비용의 현재가치 환산액 : 설립 당해년도는 2억 원, 그 다음 해부터는 직전년도 로열티비용의 1/2씩 감액한 금액

※ 고객만족도 효과의 현재가치는 설립 당해년도를 기준으로 산정된 결과이다.

〈설립위치 선정 기준〉

• 설립위치로 B국의 甲, 乙, 丙 3곳을 검토 중이며, 각 위치의 특성은 다음과 같다.

위치	유동인구(만 명)	20~30대 비율(%)	교통혼잡성
甲	80	75	3
乙	100	50	1
丙	75	60	2

• A사는 {(유동인구) × (20~30대 비율) / (교통혼잡성)} 값이 큰 곳을 선정한다. 다만 A사는 제품의 특성을 고려하여 20~30대 비율이 50% 이하인 지역은 선정대상에서 제외한다.

	설립방식	설립위치
①	㉮	甲
②	㉮	丙
③	㉯	甲
④	㉯	乙

26. H공사에 다니는 乙 대리는 우리나라 근로자의 근로 시간에 관한 다음의 보고서를 작성하였는데 이 보고서를 검토한 甲 국장이 〈보기〉와 같은 추가사항을 요청하였다. 乙 대리가 추가로 작성해야 할 자료로 적절한 것은?

우리나라의 법정근로시간은 1953년 제정된 근로기준법에서는 주당 48시간이었지만, 이후 1989년 44시간으로, 그리고 2003년에는 40시간으로 단축되었다. 주당 40시간의 법정근로시간은 산업 및 근로자 규모별로 경과규정을 두어 연차적으로 실시하였지만, 2011년 7월 1일 이후는 모든 산업의 5인 이상 근로자에게로 확대되었다. 실제 근로시간은 법정근로시간에 주당 12시간까지 가능한 초과근로시간을 더한 시간을 의미한다.

2000년 이후 우리나라 근로자의 근로시간은 지속적으로 감소되어 2016년 5인 이상 임금근로자의 주당 근로시간이 40.6시간으로 감소했다. 이 기간 동안 2004년, 2009년, 2015년 비교적 큰 폭으로 증가했으나 전체적으로는 뚜렷한 감소세를 보인다. 사업체규모별·근로시간별로 살펴보면, 정규직인 경우 5~29인, 300인 이상 사업장의 근로시간이 42.0시간으로 가장 짧고, 비정규직의 경우 시간제 근로자의 비중의 영향으로 5인 미만 사업장의 근로시간이 24.8시간으로 가장 짧다. 산업별로는 광업, 제조업, 부동산업 및 임대업의 순으로 근로시간이 길고, 건설업과 교육서비스업의 근로시간이 가장 짧다.

국제비교에 따르면 널리 알려진 바와 같이 한국의 연간 근로시간은 2,113시간으로 멕시코의 2,246시간 다음으로 길다. 이는 OECD 평균의 1.2배, 근로시간이 가장 짧은 독일의 1.54배에 달한다.

〈보기〉

"乙 대리, 보고서가 너무 개괄적이군. 이번 안내 자료 작성을 위해서는 2016년 사업장 규모에 따른 정규직과 비정규직 근로자의 주당 근로시간을 비교할 수 있는 자료가 필요한데, 쉽게 알아볼 수 있는 별도 자료를 도표로 좀 작성해 주겠나?"

①
(단위 : 시간)

구분	근로형태(2016년)			
	정규직	비정규직	재택	파견
주당 근로시간	42.5	29.8	26.5	42.7

②
(단위 : 시간)

구분	2012	2013	2014	2015	2016
주당 근로시간	42.0	40.6	40.5	42.4	40.6

③
(단위 : 시간)

구분	신업별 근로시간(2016년)			
	광업	제조업	부동산업	운수업
주당 근로시간	43.8	43.6	43.4	41.8

④
(단위 : 시간)

구분		사업장 규모(2016년)			
		5인 미만	5~29인	30~299인	300인 이상
주당 근로시간	정규직	42.8	42.0	43.2	42.0
	비정규직	24.8	30.2	34.7	35.8

27. 다음 글과 〈선거 결과〉를 근거로 판단할 때 옳은 것은?

○○국 의회의원은 총 8명이며, 4개의 선거구에서 한 선거구당 2명씩 선출된다. 선거제도는 다음과 같이 운용된다.

각 정당은 선거구별로 두 명의 후보 이름이 적힌 명부를 작성한다. 유권자는 해당 선거구에서 모든 정당의 후보 중 한 명에게만 1표를 행사하며, 이를 통해 개별 후보자의 득표율이 집계된다.

특정 선거구에서 각 정당의 득표율은 그 정당의 해당 선거구 후보자 2명의 득표율의 합이다. 예를 들어 한 정당의 명부에 있는 두 후보가 각각 30%, 20% 득표를 했다면 해당 선거구에서 그 정당의 득표율은 50%가 된다. 그리고 각 후보의 득표율에 따라 소속 정당 명부에서의 순위(1번, 2번)가 결정된다.

다음으로 선거구별 2개의 의석은 다음과 같이 배분한다. 먼저 해당 선거구에서 득표율 1위 정당의 1번 후보에게 1석이 배분된다. 그리고 만약 1위 정당의 정당 득표율이 2위 정당의 정당 득표율의 2배 이상이라면, 정당 득표율 1위 정당의 2번 후보에게 나머지 1석이 돌아간다. 그러나 1위 정당의 정당 득표율이 2위 정당의 정당 득표율의 2배 미만이라면 정당 득표율 2위 정당의 1번 후보에게 나머지 1석을 배분한다.

〈선거 결과〉

○○국의 의회의원선거 제1~4선거구의 선거 결과를 요약하면 다음과 같다. 수치는 선거구별 득표율(%)이다.

구분	제1선거구	제2선거구	제3선거구	제4선거구
A정당	41	50	16	39
1번 후보	30	30	12	20
2번 후보	11	20	4	19
B정당	39	30	57	28
1번 후보	22	18	40	26
2번 후보	17	12	17	2
C정당	20	20	27	33
1번 후보	11	11	20	18
2번 후보	9	9	7	15

① A정당은 모든 선거구에서 최소 1석을 차지했다.

② B정당은 모든 선거구에서 최소 1석을 차지했다.

③ C정당 후보가 당선된 곳은 제3선거구이다.

④ 가장 많은 당선자를 낸 정당은 B정당이다.

28. 다음 〈휴양림 요금규정〉과 〈조건〉에 근거할 때, 〈상황〉에서 甲, 乙, 丙일행이 각각 지불한 총요금 중 가장 큰 금액과 가장 작은 금액의 차이는?

〈휴양림 요금규정〉
- 휴양림 입장료(1인당 1일 기준)

구분	요금(원)	입장료 면제
어른	1,000	• 동절기 (12월~3월) • 다자녀 가정
청소년(만 13세 이상~19세 미만)	600	
어린이(만 13세 미만)	300	

※ '다자녀 가정'은 만 19세 미만의 자녀가 3인 이상 있는 가족을 말한다.

- 야영시설 및 숙박시설(시설당 1일 기준)

구분		요금(원)		비고
		성수기 (7~8월)	비수기 (성수기 외)	
야영시설 (10인 이내)	황토데크(개)	10,000		휴양림 입장료 별도
	캐빈(동)	30,000		
숙박시설	3인용(실)	45,000	24,000	휴양림 입장료 면제
	5인용(실)	85,000	46,000	

※ 일행 중 '장애인'이거나 '다자녀 가정'인 경우 비수기에 한해 야영시설 및 숙박시설 요금의 50%를 할인한다.

〈조건〉
- 총요금 = (휴양림 입장료) + (야영시설 또는 숙박시설 요금)
- 휴양림 입장료는 머문 일수만큼, 야영시설 및 숙박시설 요금은 숙박 일수만큼 계산함. (예 : 2박 3일의 경우 머문 일수는 3일, 숙박 일수는 2일)

〈상황〉
- 甲(만 45세)은 아내(만 45세), 자녀 3명(각각 만 17세, 15세, 10세)과 함께 휴양림에 7월 중 3박 4일간 머물렀다. 甲일행은 5인용 숙박시설 1실을 이용하였다.
- 乙(만 25세)은 어머니(만 55세, 장애인), 아버지(만 58세)를 모시고 휴양림에서 12월 중 6박 7일간 머물렀다. 乙일행은 캐빈 1동을 이용하였다.
- 丙(만 21세)은 동갑인 친구 3명과 함께 휴양림에서 10월 중 9박 10일 동안 머물렀다. 丙일행은 황토데크 1개를 이용하였다.

① 40,000원　　　② 114,000원
③ 125,000원　　　④ 165,000원

29. 甲그룹은 A~G의 7개 지사를 가지고 있다. 아래에 제시된 조건에 따라, A에서 가장 멀리 떨어진 지사는? (단, 모든 지사는 동일 평면상에 있으며, 지사의 크기는 고려하지 않는다)

- E, F, G는 순서대로 정남북 방향으로 일직선상에 위치하며, B는 C로부터 정동쪽으로 250km 떨어져 있다.
- C는 A로부터 정남쪽으로 150km 떨어져 있다.
- D는 B의 정북쪽에 있으며, B와 D 간의 거리는 A와 C 간의 거리보다 짧다.
- E와 F 간의 거리는 C와 D 간의 직선거리와 같다.
- G는 D로부터 정동쪽으로 350km 거리에 위치해 있으며, A의 정동쪽에 위치한 지사는 F가 유일하다.

① B　　　　　② D
③ E　　　　　④ F

30. 주식회사 한국에 다니고 있는 김○○ 대리는 거래처 VIP 명단을 바탕으로 연말에 있을 회사 송년회에 초청장을 작성하고 있다. 다음의 VIP 명단과 작성방법 따라 우편라벨을 작성한다고 할 때, 바르게 작성한 것을 고르면? (단, 초청장에 대한 회신은 요하지 않는다)

□ 거래처 VIP 명단

거래처	주소(지번주소)	우편번호	담당자명 (소속/직위)
㈜ G.M.	파주시 산업단지길 139 (문발동 472번지)	10878 (487-451)	김철수 (홍보팀/대리)
혜민상사	대전광역시 유성구 가정로 306-6(도룡동 391번지)	34130 (745-400)	이혜림 (영업부/부장)
마인＋	서울특별시 마포구 양화로 106 S빌딩 3층 (서교동 31-13번지)	04038 (125-144)	박소정 (대외협력팀/ 차장)
N디자인	광주광역시 북구 양일로 70 (연제동 1007번지)	61091 (547-201)	이영은 (영업팀/팀장)
㈜ 장&김	인천광역시 남구 경인로 256 (심곡동 73-20번지)	14750 (312-666)	장윤서 (관리과/과장)

□ 우편라벨 작성방법
- 우편번호는 〈보내는 사람〉 가장 윗부분 첫머리에 5자리로 작성한다.
- 주소를 작성할 때에는 우편번호와 한 줄 정도의 간격을 두고 작성하며, 주소를 먼저 쓰고 그 아래에 회사명을 적는다. 주소는 지번주소 또는 도로명주소로 쓸 수 있다.
- 발신자 명은 회사명과 한 줄 정도의 간격을 두고 작성하며, 회사명이 끝나는 위치에서 시작하여 소속, 직위, 이름순으로 작성하고 뒤에 '보냄' 또는 '드림'을 붙인다.

- 우편라벨에 동봉한 우편물에 대한 메모를 적을 경우, 우편번호와 같은 줄에 앞뒤 간격을 두고 간단히 작성하며 생략 가능하다. 단, 회신이 필요한 경우에 한하여 반드시 '회신 요망'을 기재한다.
- 〈받는 사람〉 작성방법은 〈보내는 사람〉 작성 방법과 동일하며, 수신자 명 뒤에 '보냄', '드림' 대신 '님', '귀하'를 쓴다.

① 〈받는 사람〉
10878   회신 요망

파주시 산업단지길 139
㈜G.M.

                        홍보팀 대리 김철수 귀하

② 〈받는 사람〉
745-400

대전광역시 유성구 도룡동 391번지
혜민상사

                        영업부 부장 이혜림 님

③ 〈받는 사람〉
04038   초청장 재중

서울특별시 마포구 양화로 106 S빌딩 3층
마인+
                        대회협력팀 차장 박소정 귀하

④ 〈받는 사람〉
61091

광주광역시 북구 양일로 70
N디자인

                        영업팀 팀장 이영은 님

31. 다음 글에서와 같이 노조와의 갈등에 있어 최 사장이 보여 준 갈등해결방법은 어느 유형에 속하는가?

> 노조위원장은 임금 인상안이 받아들여지지 않자 공장의 중간관리자급들을 동원해 전격 파업을 단행하기로 하였고, 이들은 임금 인상과 더불어 자신들에게 부당한 처우를 강요한 공장장의 교체를 요구하였다. 회사의 창립 멤버로 회사 발전에 기여가 큰 공장장을 교체한다는 것은 최 사장이 단 한 번도 상상해 본 적 없는 일인지라 오히려 최 사장에게는 임금 인상 요구가 하찮게 여겨질 정도로 무거운 문제에 봉착하게 되었다. 1시간 뒤 가진 노조 대표와의 협상 테이블에서 최 사장은 임금과 부당한 처우 관련 모든 문제는 자신에게 있으니 공장장을 볼모로 임금 인상을 요구하지는 말 것을 노조 측에 부탁하였고, 공장장 교체 요구를 철회한다면 임금 인상안을 매우 긍정적으로 검토하겠다는 약속을 하게 되었다. 또한, 노조원들의 처우 관련 개선안이나 불만사항은 자신에게 직접 요청하여 합리적인 사안의 경우 즉시 수용할 것임을 전달하기도 하였다. 결국 이러한 최 사장의 노력을 받아들인 노조는 파업을 중단하고 다시 업무에 복귀하게 되었다.

① 수용형
② 경쟁형
③ 타협형
④ 통합형

32. 갈등은 다음과 같이 몇 가지 과정을 거치면서 진행되는 것이 일반적인 흐름이라고 볼 때, 빈칸의 ⑺, ⑷, ㈐에 들어가야 할 말을 순서대로 올바르게 나열한 것은?

> 1. 의견 불일치
> 인간은 다른 사람들과 함께 부딪치면서 살아가게 되는데, 서로 생각이나 신념, 가치관이 다르고 성격도 다르기 때문에 다른 사람들과 의견의 불일치를 가져온다. 많은 의견 불일치는 상대방의 생각과 동기를 설명하는 기회를 주고 대화를 나누다보면 오해가 사라지고 더 좋은 관계로 발전할 수 있지만, 사소한 오해로 인한 작은 갈등이라도 그냥 내버려두면 심각한 갈등으로 발전하게 된다.
> 2. 대결 국면
> 의견 불일치가 해소되지 않으면 대결 국면으로 빠져들게 된다. 이 국면에서는 이제 단순한 해결방안은 없고 제기된 문제들에 대하여 새로운 다른 해결점을 찾아야 한다. 일단 대결국면에 이르게 되면 감정이 개입되어 상대방의 주장에 대한 문제점을 찾기 시작하고, 자신의 입장에 대해서는 그럴듯한 변명으로 옹호하면서 양보를 완강히 거부하는 상태에까지 이르게 된다. 즉, (⑺)은(는) 부정하면서 자기주장만 하려고 한다. 서로의 입장을 고수하려는 강도가 높아지면서 서로 간의 긴장은 더욱 높아지고 감정적인 대응이 더욱 격화되어 간다.

3. 격화 국면
격화 국면에 이르게 되면 상대방에 대하여 더욱 적대적인 현상으로 발전해 나간다. 이제 의견일치는 물 건너가고 ((나))을(를) 통해 문제를 해결하려고 하기 보다는 강압적, 위협적인 방법을 쓰려고 하며, 극단적인 경우에는 언어폭력이나 신체적인 폭행으로까지 번지기도 한다. 상대방에 대한 불신과 좌절, 부정적인 인식이 확산되면서 다른 요인들에까지 불을 붙이는 상황에 빠지기도 한다. 이 단계에서는 상대방의 생각이나 의견, 제안을 부정하고, 상대방은 그에 대한 반격으로 대응함으로써 자신들의 반격을 정당하게 생각한다.
4. 진정 국면
시간이 지나면서 정점으로 치닫던 갈등은 점차 감소하는 진정 국면에 들어선다. 계속되는 논쟁과 긴장이 귀중한 시간과 에너지만 낭비하고 이러한 상태가 무한정 유지될 수 없다는 것을 느끼고 점차 흥분과 불안이 가라앉고 이성과 이해의 원상태로 돌아가려 한다. 그러면서 ((다))이(가) 시작된다. 이 과정을 통해 쟁점이 되는 주제를 논의하고 새로운 제안을 하고 대안을 모색하게 된다. 이 단계에서는 중개자, 조정자 등의 제3자가 개입함으로써 갈등 당사자 간에 신뢰를 쌓고 문제를 해결하는 데 도움이 되기도 한다.
5. 갈등의 해소
진정 국면에 들어서면 갈등 당사자들은 문제를 해결하지 않고는 자신들의 목표를 달성하기 어렵다는 것을 알게 된다. 물론 경우에 따라서는 결과에 다 만족할 수 없는 경우도 있지만 어떻게 해서든지 서로 일치하려고 한다.

① 상대방의 자존심 – 업무 – 침묵
② 제3자의 존재 – 리더 – 반성
③ 조직 전체의 분위기 – 이성 – 의견의 일치
④ 상대방의 입장 – 설득 – 협상

33. **협상에 있어 상대방을 설득시키는 일은 필수적이며 그 방법은 상황과 상대방에 따라 매우 다양하게 나타난다. 이에 따라 상대방을 설득하기 위한 협상 전략은 몇 가지로 구분될 수 있다. 협상 시 상대방을 설득시키기 위하여 상대방 관심사에 대한 정보를 확인 후 해당 분야의 전문가를 동반 참석시켜 우호적인 분위기를 이끌어낼 수 있는 전략은 어느 것인가?**

① 호혜관계 형성 전략
② 권위 전략
③ 반항심 극복 전략
④ 헌신과 일관성 전략

34. **다음에 예시된 인물 중 리더십을 갖춘 리더의 자질이 보이는 사람을 모두 고른 것은?**

- A부장 : 사내 윤리 규정과 행동 강령에 맞지 않는 행위를 적발하고 관리하기 위해서 조직원들이 자발적으로 노력할 수 있도록 직간접적인 영향력을 준다.
- B부장 : 불합리한 사내 성과급 지급 시스템에 대한 자신의 소신을 거침없이 제안하고 직원들에 대한 격려를 아끼지 않는다.
- C부장 : 조금이라도 리스크가 예상되는 프로젝트는 사전에 찾아내어 착수를 금지하며, 항상 리스크 제로 원칙을 유지해 나간다.
- D부장 : 대국민 홍보를 위해 고안한 홍보대사 운영, 청년 인턴제 실시 등의 방안이 이루어지도록 기획이사와 임원진들을 설득하여 최종 승인을 얻어내었다.

① A부장, B부장
② B부장, C부장
③ A부장, B부장, C부장
④ A부장, B부장, D부장

35. **'협상'을 위하여 취하여야 할 (가)~(라)와 같은 행동들의 순서를 바르게 나열한 것은?**

(가) 합의를 통한 결과물을 도출하여 최종 서명을 이끌어낸다.
(나) 자신의 의견을 적극적으로 개진하여 상대방이 수용할 수 있는 근거를 제시한다.
(다) 상대방 의견을 분석하여 무엇이 그러한 의견의 근거가 되었는지를 찾아낸다.
(라) 상대방의 의견을 경청하고 자신의 주장을 제시한다.

① (가) – (다) – (나) – (라)
② (라) – (나) – (다) – (가)
③ (라) – (다) – (가) – (나)
④ (라) – (다) – (나) – (가)

36. **다음 그림과 같은 형태의 조직체계를 유지하고 있는 기업에 대한 설명으로 적절한 것은?**

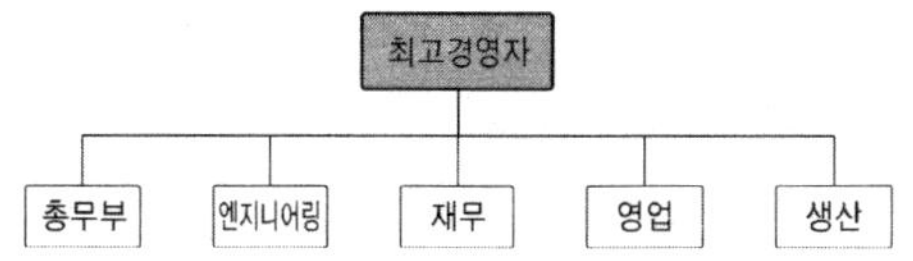

① 다양한 프로젝드를 수행해야 할 필요성이 커짐에 따라 조직 간의 유기적인 협조체제를 구축하였다.
② 의사결정 권한이 분산되어 더욱 전문적인 업무 처리가 가능하다.
③ 각 부서 간 내부 경쟁을 유발할 수 있다.
④ 조직 내 내부 효율성을 확보할 수 있는 조직 구조이다.

37. 다음 조직의 경영자에 대한 정의를 참고할 때, 경영자의 역할로 적절하지 않은 것은?

> 조직의 경영자는 조직의 전략, 관리 및 운영활동을 주관하며, 조직구성원들과 의사결정을 통해 조직이 나아갈 방향을 제시하고 조직의 유지와 발전에 대해 책임을 지는 사람이며, 조직의 변화방향을 설정하는 리더이며, 조직구성원들이 조직의 목표에 부합된 활동을 할 수 있도록 이를 결합시키고 관리하는 관리자이다.

① 대외 협상을 주도하기 위한 자문위원을 선발한다.

② 외부환경 변화를 주시하며 조직의 변화 방향을 설정한다.

③ 우수한 인재를 뽑기 위한 구체적이고 개선된 채용 기준을 마련한다.

④ 미래전략을 연구하기 위해 기획조정실과의 회의를 주도한다.

38. 다음과 같은 전결사항에 관한 사내 규정을 보고 내린 판단으로 적절하지 않은 것은?

〈전결규정〉

업무내용	결재권자			
	사장	부사장	본부장	팀장
주간업무보고				○
팀장급 인수인계		○		
백만 불 이상 예산집행	○			
백만 불 이하 예산집행		○		
이사회 위원 위촉	○			
임직원 해외 출장	○(임원)		○(직원)	
임직원 휴가	○(임원)		○(직원)	
노조관련 협의사항		○		

☞ 결재권자가 출장, 휴가 등 사유로 부재중일 경우에는 결재권자의 차상급 직위자의 전결사항으로 하되, 반드시 결재권자의 업무 복귀 후 후결로 보완한다.

① 팀장의 휴가는 본부장의 결재를 얻어야 한다.

② 강 대리는 계약 관련 해외 출장을 위하여 본부장의 결재를 얻어야 한다.

③ 최 이사와 노 과장의 동반 해외 출장 보고서는 본부장이 최종 결재권자이다.

④ 예산집행 결재는 금액에 따라 결재권자가 달라진다.

39. 甲은 다음과 같이 직장 상사의 지시사항을 전달받았다. 이를 순서대로 모두 수행하기 위하여 업무 협조가 필요한 조직의 명칭이 순서대로 올바르게 나열된 것은 어느 것인가?

> "甲 씨, 내가 내일 하루 종일 외근을 해야 해서 몇 가지 업무 처리를 좀 도와줘야겠습니다. 이 서류는 팀장님 결재가 끝난 거니까 내일 아침 출근과 동시에 바로 유관부서로 넘겨서 비용 집행이 이루어질 수 있도록 해 주세요. 그리고 지난 번 퇴사한 우리 팀 오 부장님 퇴직금 정산이 좀 잘못 되었나 봅니다. 오 부장님이 관계 서류를 나한테 보내주신 게 있는데 그것도 확인 좀 해 주고 결재를 다시 요청해 줘야할 것 같고요, 다음 주 바이어들 방문 일정표 다시 한 번 확인해 보고 누락된 사항 있으면 잘 준비 좀 해 주세요. 특히 공항 픽업 관련 배차 결재 서류 올린 건 처리가 되었는지 확인 바랍니다. 지난번에 차량 배차에 문제가 생겼던 적이 있으니 반드시 재점검 해주셔야합니다. 부탁 좀 하겠습니다."

① 회계팀 → 인사팀 → 총무팀

② 인사팀 → 홍보팀 → 회계팀

③ 인사팀 → 총무팀 → 마케팅팀

④ 총무팀 → 회계팀 → 마케팅팀

40. 리더는 조직원들에게 지속적으로 자신의 잠재력을 발휘하도록 만들기 위한 외적인 동기유발제 그 이상을 제공해야 한다. 이러한 리더의 역량이라고 볼 수 없는 것은?

① 높은 성과를 달성한 조직원에게는 곧바로 따뜻한 말이나 칭찬으로 보상해 준다.

② 직원들이 자신의 업무에 책임을 지도록 하는 환경 속에서 일할 수 있게 해 준다.

③ 직원 자신이 권한과 목적의식을 가지고 있는 중요한 사람이라는 사실을 느낄 수 있도록 이끌어 준다.

④ 조직을 위험에 빠지지 않도록 리스크 관리를 철저히 하여 안심하고 근무할 수 있도록 해 준다.

41. 다음 글에서와 같이 노조와의 갈등에 있어 최 사장이 보여 준 갈등해결방법은 어느 유형에 속하는가?

> 노조위원장은 임금 인상안이 받아들여지지 않자 공장의 중간관리자급들을 동원해 전격 파업을 단행하기로 하였고, 이들은 임금 인상과 더불어 자신들에게 부당한 처우를 강요한 공장장의 교체를 요구하였다. 회사의 창립 멤버로 회사 발전에 기여가 큰 공장장을 교체한다는 것은 최 사장이 단 한 번도 상상해 본 적 없는 일인지라 오히려 최 사장에게는 임금 인상 요구가 하찮게 여겨질 정도로 무거운 문제에 봉착하게 되었다. 1시간 뒤 가진 노조 대표와의 협상 테이블에서 최 사장은 임금과 부당한 처우 관련 모든 문제는 자신에게 있으니 공장장을 볼모로 임금 인상을 요구하지는 말 것을 노조 측에 부탁하였고, 공장장 교체 요구를 철회한다면 임금 인상안을 매우 긍정적으로 검토하겠다는 약속을 하게 되었다. 또한, 노조원들의 처우 관련 개선안이나 불만사항은 자신에게 직접 요청하여 합리적인 사안의 경우 즉시 수용할 것임을 전달하기도 하였다. 결국 이러한 최 사장의 노력을 받아들인 노조는 파업을 중단하고 다시 업무에 복귀하게 되었다.

① 수용형 　　　② 경쟁형
③ 타협형 　　　④ 통합형

42. 다음 글에서 엿볼 수 있는 우리나라 기업 문화의 비윤리적인 악습을 지칭하는 말로 적절한 것은?

> 근대 이전으로 거슬러 올라갈수록 사회적 강자의 약자에 대한 지배는 인신예속적 양상을 보인다. 봉건적 신분 제도가 가진 중요한 특징은 개인이 사회에서 차지하는 직분이 단순한 기능적 차원을 넘어 인신예속적 성격을 띤다는 점이다. 예를 들어 지주와 소작농의 관계는 토지 임대인-임차인의 관계를 넘어 주인-머슴의 관계와 동일시되었다. 따라서 지주는 토지 임대인으로서 가지는 법적 권리를 넘어 주인 또는 상전으로서 무한한 권리를 향유할 수 있었으며, 소작농은 토지 임차인으로서 가지는 법적 의무를 넘어 머슴이나 상놈으로서 무한한 의무를 걸머지지 않으면 안 되었다.

① 성희롱 　　　② 갑질
③ 무책임 　　　④ 상하관계

43. 다음과 같은 직업윤리의 덕목을 참고할 때, 빈칸에 공통으로 들어갈 알맞은 말은 무엇인가?

> 사회시스템은 구성원 서로가 신뢰하는 가운데 운영이 가능한 것이며, 그 신뢰를 형성하고 유지하는 데 필요한 가장 기본적이고 필수적인 규범이 바로 (　　)인 것이다.
> 그러나 우리 사회의 (　　)은(는) 아직까지 완벽하지 못하다. 거센 역사의 소용돌이 속에서 여러 가지 부당한 핍박을 받은 경험이 있어서 그럴 수도 있지만, 원칙보다는 집단 내의 정과 의리를 소중히 하는 문화적 정서도 그 원인이라 할 수 있다

① 성실
② 정직
③ 인내
④ 희생

44. 다음 (가)와 (나)에 해당하는 직업윤리 덕목을 순서대로 바르게 짝지은 것은?

> (가) 자신의 일이 자신의 능력과 적성에 꼭 맞는다 여기고 그 일에 열성을 가지고 성실히 임하는 태도
> (나) 자신의 일이 누구나 할 수 있는 것이 아니라 해당 분야의 지식과 교육을 밑바탕으로 성실히 수행해야만 가능한 것이라 믿고 수행하는 태도

① 책임의식, 천직의식
② 전문가의식, 소명의식
③ 천직의식, 전문가의식
④ 직분의식, 소명의식

▌45~46▐ 다음은 선택정렬에 관한 설명과 예시이다. 이를 보고 물음에 답하시오.

선택정렬(Selection sort)는 주어진 데이터 중 최솟값을 찾고 최솟값을 정렬되지 않은 데이터 중 맨 앞에 위치한 값과 교환한다. 교환은 두 개의 숫자가 서로 자리를 맞바꾸는 것을 말한다. 정렬된 데이터를 제외한 나머지 데이터를 같은 방법으로 교환하여 반복하면 정렬이 완료된다.

〈예시〉

68, 11, 3, 82, 7을 정렬하려고 한다.

• 1회전 (최솟값 3을 찾아 맨 앞에 위치한 68과 교환)

68	11	3	82	7

3	11	68	82	7

• 2회전 (정렬이 된 3을 제외한 데이터 중 최솟값 7을 찾아 11과 교환)

3	11	68	82	7

3	7	68	82	11

• 3회전 (정렬이 된 3, 7을 제외한 데이터 중 최솟값 11을 찾아 68과 교환)

3	7	68	82	11

3	7	11	82	68

• 4회전 (정렬이 된 3, 7, 11을 제외한 데이터 중 최솟값 68을 찾아 82와 교환)

3	7	11	82	68

3	7	11	68	82

45. 다음 수를 선택정렬을 이용하여 오름차순으로 정렬하려고 한다. 2회전의 결과는?

5, 3, 8, 1, 2

① 1, 2, 8, 5, 3
② 1, 2, 5, 3, 8
③ 1, 2, 3, 5, 8
④ 1, 2, 3, 8, 5

46. 다음 수를 선택정렬을 이용하여 오름차순으로 정렬하려고 한다. 3회전의 결과는?

55, 11, 66, 77, 22

① 11, 22, 66, 55, 77
② 11, 55, 66, 77, 22
③ 11, 22, 66, 77, 55
④ 11, 22, 55, 77, 66

47. 다음 시트처럼 한 셀에 두 줄 이상 입력하려는 경우 줄을 바꿀 때 사용하는 키는?

① 〈Shift〉+〈Ctrl〉+〈Enter〉
② 〈Alt〉+〈Enter〉
③ 〈Alt〉+〈Shift〉+〈Enter〉
④ 〈Shift〉+〈Enter〉

48. 다음 제시된 워크시트에서 과일의 금액 합계를 나타내는 '=SUM(B2:B7)' 수식에서 '=SUM(B2B7)'와 같이 범위 참조의 콜론(:)이 빠졌을 경우 나타나는 오류 메시지는?

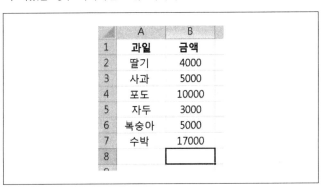

① #NAME?   ② #REF!
③ #VALUE!   ④ #DIV/0

49. 다음 워크시트는 학생들의 수리영역 성적을 토대로 순위를 매긴 것이다. 다음 중 [C2] 셀의 수식으로 옳은 것은?

	A	B	C
1		수리영역	순위
2	이순자	80	3
3	이준영	95	2
4	정소이	50	7
5	금나라	65	6
6	윤민준	70	5
7	도성민	75	4
8	최지애	100	1

① =RANK(B2,$B$2:$B$8)

② =RANK(B2,$B$2:$B$8,1)

③ =RANK(C2,$B$2:$B$8)

④ =RANK(C2,$B$2:$B$8,0)

50. 한컴오피스 흔글 프로그램에서 단축키 Alt + V는 어떤 작업을 실행하는가?

① 불러오기

② 모두 선택

③ 저장하기

④ 다른 이름으로 저장하기